AF198169

Dieses Buch gehört:

Peter Wohlleben, geboren 1964, studierte Forstwirtschaft und arbeitete 23 Jahre in der Landesforstverwaltung Rheinland-Pfalz. Er kündigte und kümmert sich seitdem um den Schutz der Wälder. Er ist Gast in zahlreichen TV-Sendungen und gibt sein Wissen in Büchern und Seminaren, aber auch durch ungewöhnliche Waldführungen weiter. 2016 gründete er eine Waldakademie, in der ihr ihn besuchen könnt.

WOHLLEBENS
WALDAKADEMIE

Stefanie Reich, geboren 1984 in einer Kleinstadt in Sachsen-Anhalt, studierte Visuelle Kommunikation an der Bauhaus-Universität Weimar. Die Diplom-Designerin lebt mit Kind und Mann seit 2010 in Leipzig und streift dort täglich mit ihrem Hund durch den Leipziger Auwald, wo es ebenfalls zahlreiche Baumkinder gibt.

Peter Wohlleben

Tierkinder im Wald

Mit Bildern von Stefanie Reich

Verlag Friedrich Oetinger · Hamburg

Inhalt

Die Quiz-Lösungen findest du auf der letzten Seite.

1. Wie Tierkinder groß werden

Nicht alle Tiere leben
gerne in Familien.
Insektenkinder fühlen sich
in Kindergärten ohne
Erwachsene wohl.

Wölfe lieben es genau wie du:
Alle bleiben zusammen
und schmusen gern.

Sie helfen sich ihr
ganzes Leben lang.

Seehunde mögen es zwar gesellig,
halten aber Abstand.

2. Für immer zusammen

Bei Wölfen ist es wie bei
vielen Menschen:
Familien bleiben ein Leben
lang zusammen.

Bei bei den Menschen leben
die Familienmitglieder aber oft
weit voneinander entfernt.
Wolfsfamilien bleiben an einem Ort.
Man nennt die Wolfsfamilie
auch Rudel.

Das Rudel teilt sich die Arbeit
und jagt gemeinsam.
Es kümmert sich so
auch um die alten Wölfe.

Bei Wölfen gibt es auch einen
Kindergarten.
Wenn die Eltern jagen,
bleibt der Nachwuchs zu Hause.
Jetzt passen andere Verwandte
auf die Kleinen auf.

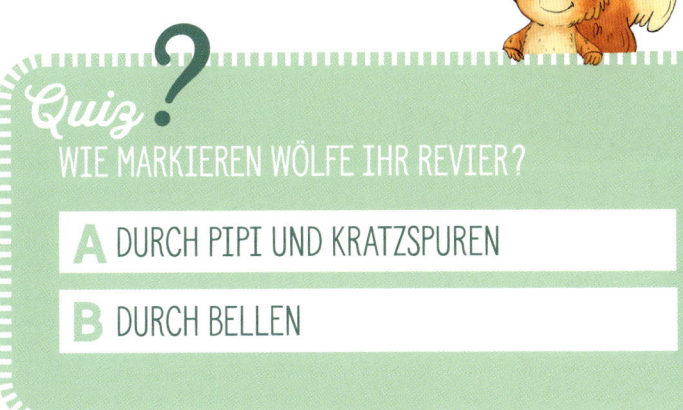

Quiz ?

WIE MARKIEREN WÖLFE IHR REVIER?

A DURCH PIPI UND KRATZSPUREN

B DURCH BELLEN

Bei Hirschkindern
ist es anders:
Sie bleiben länger
als ein Jahr bei ihrer Mutter.
Die lebt mit anderen Hirschkühen
in einem großen Rudel zusammen.
So fühlen sich alle sicher.

Eine Hirschkuh passt immer auf.
Sie schaut, ob Raubtiere in
der Nähe sind.
So können die anderen Hirsche
in Ruhe Gras fressen.

EINE HIRSCHMUTTER MIT IHREM KIND. SIE SIND IMMER
WACHSAM UND HABEN ETWAS ENTDECKT, WAS SIE
IM AUGE BEHALTEN.

Wenn die Hirschkuh ein neues Baby
auf die Welt bringt, muss das ältere
Kind ein wenig Abstand halten.

Die Mutter möchte nicht,
dass ein Raubtier auf sie
aufmerksam wird.
Denn während der Geburt
liegt sie auf dem Boden
und kann nicht weglaufen.

Das ältere Kind bleibt in der
Nähe, bis die Geburt vorbei ist.
Dann schließt es sich wieder
der Mutter und dem
neuen Geschwisterchen an.

Nur die männlichen Hirsche
trennen sich vom Familienrudel.
Sie bilden eigene Männerrudel.

Die meisten Säugetiere lieben es,
als Familie zusammen zu sein.
Egal ob Delfine oder Kühe:
So finden sie es am schönsten.

Wenn du an einer Viehweide vorbeikommst, lohnt es sich, an den Zaunpfosten nach Gewöllen Ausschau zu halten. Dort sitzen Greifvögel, und sie würgen alles, was sie nicht verdauen können, wieder aus.

Die kleinen Klumpen, das Gewölle, bestehen aus Knochen und Haaren der Tiere, die die Vögel gefressen haben. Gewölle stinken nicht. Wenn du so einen Klumpen mit zwei Stöckchen auseinanderziehst, findest du darin meist einen Mäuseschädel, weil Mäuse die Hauptnahrung der meisten Greifvögel sind.

Fuchsbox

Füchse leben in Familien,
die ein Mensch kaum
erkennen kann.
Das liegt daran, dass Füchse große
Reviere haben und oft allein unterwegs sind.
Trotzdem bilden sie große Gruppen,
so ähnlich wie Wölfe.
Weil wir sie meistens einzeln sehen,
haben Menschen lange gedacht,
Füchse seien Einzelgänger.
Dabei brauchen sie einfach nur ein
bisschen mehr Abstand und sehen sich
nicht so oft.

Auch Wildschweine sind
Familientiere.
Doch oft leben nur die Mutter und
ihre Kinder zusammen.

Wenn die jungen Wildschweine
erwachsen sind,
verlassen sie die Familie.
Sie suchen sich
ein eigenes Gebiet.

Quiz?

WIE OFT SÄUGT EINE HÄSIN
IHRE BABYS?

A ALLE 5 MINUTEN

B JEDE STUNDE

C ZWEIMAL AM TAG

Wildschweine haben
eine besondere
Eigenschaft, die andere
Tiere nicht besitzen:

Mütter erkennen ihre
Kinder wieder.
Auch wenn sie zwischendurch
lange weg waren.

Fremde Wildschweine würde
die Mutter bekämpfen und
aus ihrem Revier verjagen.
Das macht sie bei ihren
Verwandten nicht.

Fuchsbox

Wildschweinkinder nennt
man Frischlinge.

BIBER

Die Zähne von
Bibern sind so stark,
dass sie damit Bäume fällen können.
Das machen sie, um an die Blätter
und die Rinde der Zweige oben am Baum
heranzukommen, die sie besonders
gerne fressen. Mit den Ästen bauen sie
große Hügel am Wasser, in denen
sie wohnen. Damit dort kein anderes
Tier eindringen kann, stauen sie
mit Ästen Bäche zu großen
Teichen auf. Die Eingänge zu ihrer
Burg liegen nun unter Wasser,
und nur die Biber können
hineinkommen, weil sie
gut tauchen können.
Hier leben sie mit
ihrer Familie.

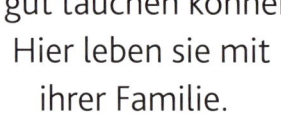

3. Bitte nicht zu viel kuscheln!

Viele Vögel und Säugetiere
kümmern sich nur einen
Sommer lang um ihre Kinder.
Danach lösen sich die Familien auf.

Bei den Rehen ist es so:
Das Kitz liegt in den ersten
Wochen oft alleine im Gras.
Die Mutter sucht Futter.

Im nächsten
Frühling werden
wieder Kitze geboren.
Darum müssen die
älteren Geschwister gehen.

Das ist gar nicht schlimm.
Sie sind jetzt erwachsen
und sorgen selbst für sich.

Die erwachsenen Tiere
leben meistens allein.

Nur im Winter schließen sich
Rehe zu kleinen Gruppen zusammen.
Denn im Winter möchten sie nicht
um ihren Platz im Wald kämpfen.

Quiz?

WIE VIELE KILOGRAMM GRAS FRISST
EIN HIRSCH AM TAG ETWA?

A ETWA 5KG   **B** BIS ZU 20KG

Das verbraucht
viel Kraft.
Dadurch würden
die Rehe mehr
Hunger bekommen.

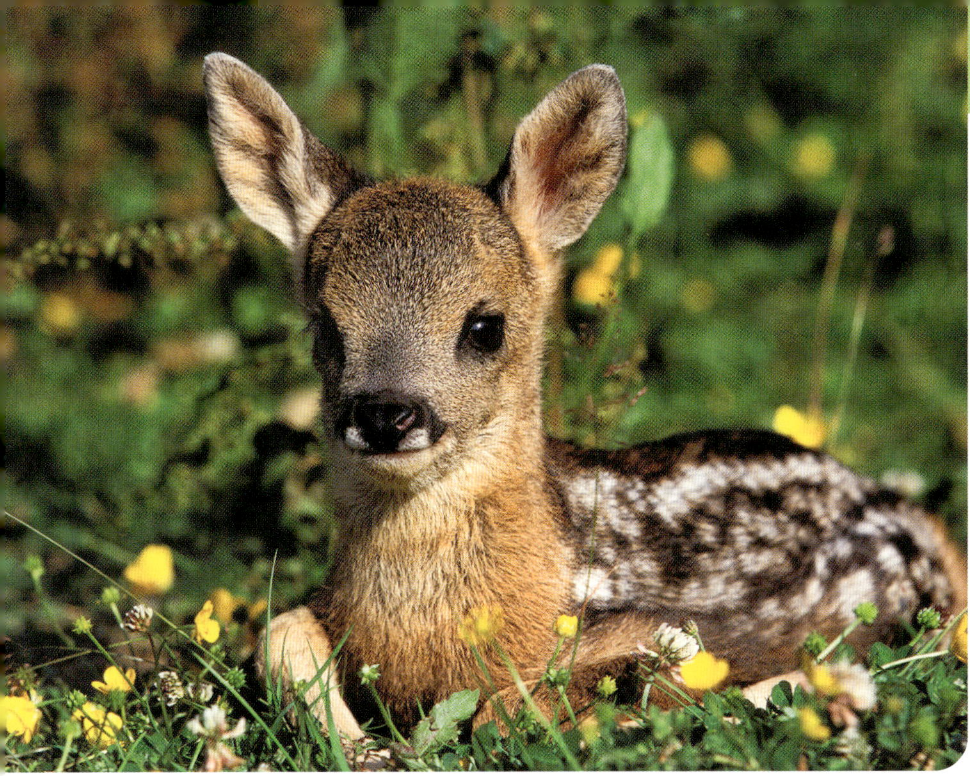

Aber im Winter gibt es im
Wald nicht viel zu fressen.
Deshalb vertragen
sie sich lieber.

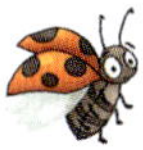

Fuchsbox

Selbst wenn sie nicht
richtig befreundet sind, hat
solch eine Gruppe noch einen
großen Vorteil: Sollte sich ein Raubtier
nähern, merken die Rehe das schneller.

Wenn ein Reh Gras oder Knospen frisst,
senkt es den Kopf hinunter zu den Pflanzen.
Doch wer den Kopf tief hält, kann sich nicht
gleichzeitig umschauen.
Aber in einer Gruppe hat immer
eines den Kopf oben.
So können die anderen in Ruhe fressen.
Beim Aufpassen wechseln sich die Rehe
ab, damit jedes satt wird.

Ausflug ans Meer

Auch Seehunde leben am liebsten in
einer Gruppe zusammen.
Aber ohne großes Gekuschel.
Selbst die Seehundkinder bleiben nur
etwa fünf Wochen bei ihren Müttern.
Im Wasser fühlen sie sich sehr sicher,
an Land aber nicht.
Da können sich die Seehunde nur
langsam fortbewegen.

Deshalb liegen sie gern direkt am Ufer. Denn von dort aus ist man schnell wieder im Wasser.

Seehunde liegen gern
gemeinsam auf einer
Sandbank. Dabei halten
sie aber etwas Abstand.

Sie mögen sich eben
nicht richtig, sind aber
auch nicht gerne
ganz allein.

Rabeneltern bleiben ihr ganzes
Leben lang zusammen.
Doch die Rabenkinder
verlassen die Familie,
wenn sie erwachsen
werden.

Dann ziehen junge
Raben zusammen in die Welt hinaus.

Sie sind also zu mehreren zusammen,
nur eben nicht mit der Familie,
sondern mit Freunden.

Obwohl Eichhörnchen gerne
kuscheln, lebt meist jedes für sich.
Nur die Mutter wohnt mit
ihren Kindern zusammen.

Die Kleinen bleiben fast
ein Jahr bei ihr.

31

Sind sie erwachsen,
trennen sich ihre Wege.
Es gibt eben keine Eichhörnchen,
die immer als Familie
zusammen sind.

Trotzdem finden sich manchmal
ein paar Eichhörnchen zusammen.
Sie teilen sich dasselbe Nest,
den Kobel.
Richtige Einzelgänger sind sie also
nicht.

Quiz?

WELCHES TIER IST DAS KLEINSTE SÄUGETIER DER WELT?

A ZWERGSPITZMAUS

B FLEDERMAUS

4. Ohne Eltern und trotzdem nicht einsam

Viele Fische leben
nicht in Familien.
Die Fischmutter legt
die Eier in eine kleine Kuhle
aus Steinen im Bach.
Dann schwimmt sie weiter.

Viele Fischkinder
müssen also alleine
zurecht kommen

Fischkinder leben
gefährlich.
Große Fische haben
immer Hunger und
jagen die Kleinen.
Deshalb schwimmen
die lieber im ganz flachen
Wasser in Ufernähe.
Dahin können die
Großen nicht folgen.

Hier bilden die Fischkinder
kleine Gruppen.

Fischkinder fühlen sich nicht einsam.
Da ihre Eltern nicht da sind,
passen sie aufeinander auf.

Ständig wuselt der Schwarm
hin und her. Die Fischkörper
glitzern im Sonnenlicht und
verwirren den Angreifer.

So kann er nur selten einen
kleinen Fisch fangen, und
viele von ihnen werden groß.

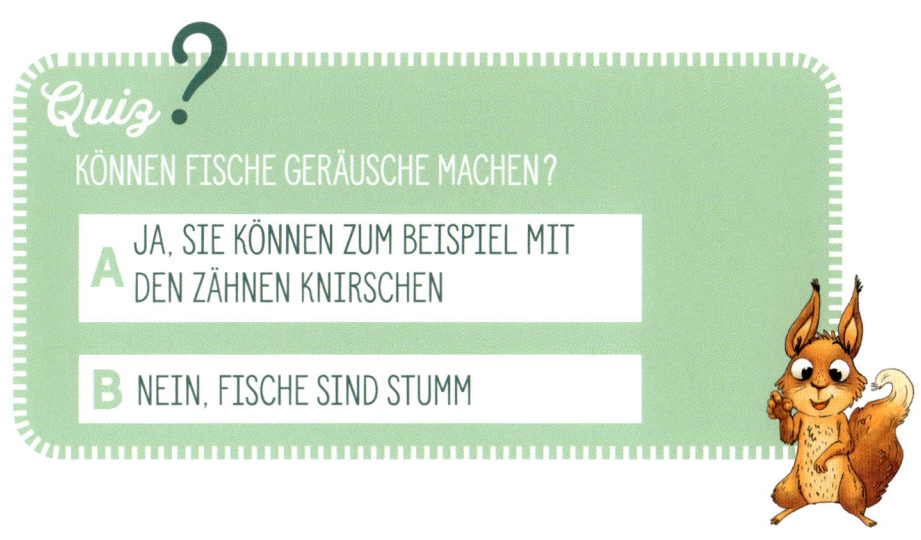

Quiz?

KÖNNEN FISCHE GERÄUSCHE MACHEN?

A JA, SIE KÖNNEN ZUM BEISPIEL MIT DEN ZÄHNEN KNIRSCHEN

B NEIN, FISCHE SIND STUMM

An einem sonnigen Sommertag kannst du am Ufer eines Sees diese Fischkindergärten beobachten.

Fuchsbox

Mücken bilden
genau wie viele Fische
Schwärme. Das machen sie aber
nicht, um Feinde abzuwehren.
Die Schwärme bestehen bei vielen Arten
nur aus Männchen.
Sie schweben wie eine Wolke auf und ab und
verströmen dabei einen Lockgeruch.
Der gefällt den Weibchen, sie fliegen in die
Wolke und paaren sich dort mit den duftenden
Männchen.
Vor Mückenwolken brauchst du übrigens
keine Angst zu haben, selbst wenn es sich
um Stechmücken handelt.
Denn Mückenmännchen stechen
nicht – das machen nur die
Weibchen.

Mücken und Fische haben
viele Gemeinsamkeiten.
Mückenweibchen legen
ihre Eier ins Wasser.
Am liebsten in kleine Tümpel.

Die Larven bleiben wie in
einem Kindergarten zusammen.

Manchmal will ein Molch oder
ein Fisch sie fressen.
Dann zucken sie wie wild
im Wasser hin und her.
Das verwirrt den Jäger.

5. Unfreiwillige Ersatzeltern

Manche Tierkinder wachsen
bei fremden Eltern auf.
Das können zum Beispiel
Verwandte sein,
wie beim Eichhörnchen.

Es mag seine Schwestern und Brüder
meistens nicht besonders gerne,
wenn es erwachsen ist.

Doch manchmal verlieren
Eichhörnchenkinder ihre Eltern.
Oft hat ein Habicht oder eine Katze
zugeschlagen.

Eichhörnchen nehmen die Kinder
ihrer Brüder und Schwestern
dann bei sich auf.
Sie sind ja schließlich Verwandte.

Die Küken
des Kuckucks
wachsen sogar
immer bei
fremden Eltern auf.

Die Kuckucksmutter sieht
wie ein Greifvogel, wie
ein Habicht oder
Sperber aus.
Davor haben
kleinere Vogel-
arten Angst.

Fuchsbox

Die Wunsch-
eltern der Kuckucks-
mutter sind oft Vögel wie
die Bachstelzen – oder sogar
die winzigen Zaunkönige.
Ein Zaunkönig wiegt nur
neun Gramm. Das ist
ungefähr so viel wie zwei
kleine Stückchen Schokolade.
Ein Kuckuck wiegt mehr als eine
ganze Tafel Schokolade!

Wenn der Kuckuck angeflogen kommt,
verlassen sie panisch ihr Nest.

Die Kuckucksmutter legt
dort nun bequem ein
Ei hinein.
Das Kuckucksei sieht
genauso aus
wie die anderen Eier.

Die Kuckucksmutter kümmert
sich nicht mehr um ihr Ei.

Das übernehmen dann die Vögel,
die das Nest gebaut haben.
Sie sind oft viel kleiner als
das pummelige Kuckuckskind.

Der kleine Vogel brütet einfach weiter.
Das Küken des Kuckucks
schlüpft meistens zuerst.

Danach wirft es alle anderen Eier aus dem Nest. Sonst würde das Futter nicht für alle Vogelkinder reichen.

Quiz?

WELCHES EI HAT DER KUCKUCK INS NEST GELEGT

A DAS KLEINSTE

B DAS GRÖSSTE

Auch unter den Insekten gibt
es eine Art Kuckuck.
Nämlich einen besonderen
Schmetterling.
Er heißt Wiesenknopf-Ameisenbläuling.

Fuchsbox

Der Wiesenknopf-
Ameisenbläuling hat übrigens
braune Flügel, obwohl er zur
Familie der Bläulinge gehört.
Aber das ist eine
andere Geschichte.

Seine Raupen schlüpfen
in den dunkelroten
Blüten einer Blume.
Sie heißt Wiesenknopf und
wächst auf feuchten Wiesen.

Rote Gartenameisen
lieben Raupen, und
zwar als Futter!
Ein Ameisenvolk
kann jedes Jahr
mehrere
Kilogramm Raupen
und Käfer fressen.

Doch die Raupe
nutzt einen Trick,
um nicht sofort gefressen zu
werden: Sie verströmt einen
süßen Duft von Honig.

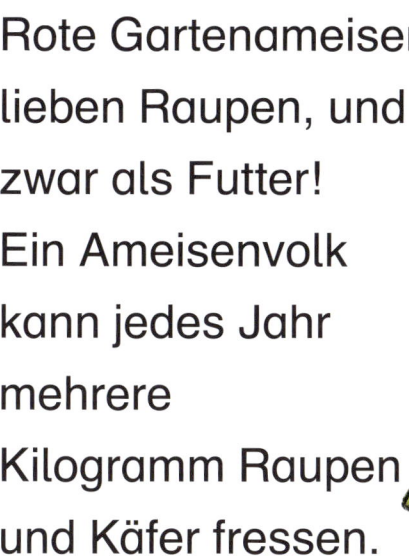
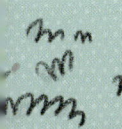

Den finden die Ameisen
unwiderstehlich.

Außerdem schwitzt die Raupe
Zuckerwasser aus.
Das trinken die Ameisen gern.

Wie sehr Ameisen Zuckerwasser lieben, kannst du auf einer Wiese oder im Wald ausprobieren. Rühre einfach Zucker in ein wenig Wasser (oder nimm ein bisschen Limonade) und fülle es in einen flachen Teller oder Deckel. Setze den Deckel neben eine Ameisenstraße. Eine Ameisenstraße ist ein kleiner Weg, auf dem ständig Ameisen hin- und herlaufen. Es dauert nur wenige Minuten, dann trinken die ersten Ameisen.

Und weil sie weitererzählen, wo es ein leckeres Getränk gibt, kommen bald immer mehr von ihnen. Besonders viele Ameisenstraßen findestdu in der Nähe von Ameisenhaufen.

PROBIER´S AUS

Schnell schaffen sie die
Raupe in ihren Bau.
Dort können sie
immer von ihrem
Zuckerwasser trinken.

So ist die Raupe im Erdhügel vor
anderen Feinden in Sicherheit.
Und sie kommt trocken und warm
über den Winter.

In ihrem kuscheligen Versteck
dreht sie dann den Spieß um:
Sie frisst die Larven der Ameisen.

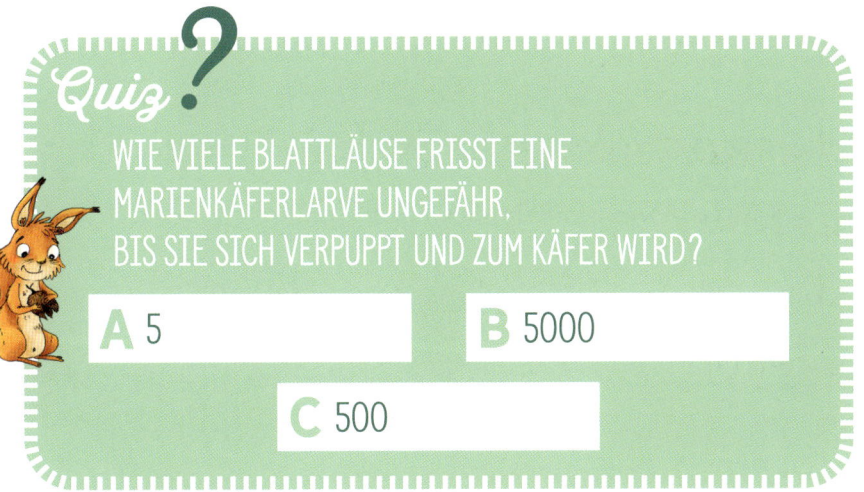

Quiz ?

WIE VIELE BLATTLÄUSE FRISST EINE
MARIENKÄFERLARVE UNGEFÄHR,
BIS SIE SICH VERPUPPT UND ZUM KÄFER WIRD?

A 5

B 5000

C 500

Die Raupe frisst bis zu
600 Ameisenlarven.
Danach verpuppt sie sich
und wird zum Schmetterling.

Der junge Schmetterling
muss jetzt schnell fliehen.
Er hat nämlich kein Zuckerwasser.
Darum ist er für die Ameisen
plötzlich ein leckeres Futter.

Er trifft sich mit anderen
Ameisenbläulingen auf
der Blüte des Wiesenknopfs
und paart sich.

Im Sommer schlüpfen
dann die neuen Raupen.

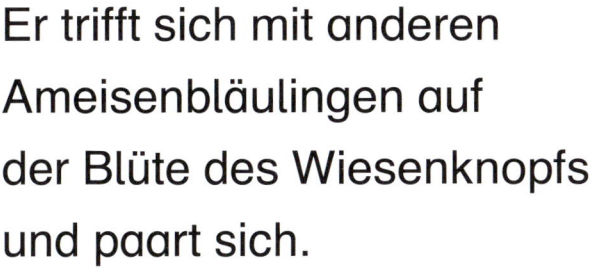

1. Auflage

© 2022 Verlag Friedrich Oetinger GmbH,
Max-Brauer-Allee 34, 22765 Hamburg
Alle Rechte vorbehalten
Die Texte sind ein dem Kindersachbuch „Weißt du, wo die Tiere
wohnen?" entnommener Auszug, der für Leseanfänger sprachlich
sowie bildlich überarbeitet wurde, erstmals erschienen 2019 im
Verlag Friedrich Oetinger GmbH, Hamburg.
©Text: Peter Wohlleben 2022
© Illustrationen: Stefanie Reich 2022

© Fotos: **Shutterstock**: Cover hecke61 (Wald), 7 Holly Kuchera (Wölfe),
11 Michael Eaton (Hirsch mit Kind), 13 VidEst (Hirsche), 16 WildMedia
(Wildschweine), 25 slowmotiongli (Rehkitz), 28 Ramon Harkema (Seehunde),
30 Krasula (Raben), 33 Rudmer Zwerver (Eichhörnchen), 37 Jan phanomphrai
(Fisch), 41 Tunatura (Mücken), 44 Miroslav Hlavko (Eichhörnchenbaby),
46 A Santi Wajitdol (Kuckuck), 48 Vishnevskiy Vasily (Kuckuck im Nest),
50 Vishnevskiy Vasily (Vogeleier), 52 Agami Photo Agency (Schmetterling),
52 R. Maximiliane (Blume), 54 Roger Meerts (Schmetterling)
Einband- und Reihengestaltung von Andrea Pieper
Druck und Bindung: Livonia Print SIA,
Jūrkalnes iela 15/25, LV-1046 Riga, Lettland

Printed 2022
ISBN 978-3-7512-0292-3

www.oetinger.de